庄 子

ZHUANGZI

万有图书 编绘

天地出版社 | TIANDI PRESS

图书在版编目（CIP）数据

庄子 / 万有图书编绘. —成都：天地出版社，2015.5（2019.12重印）
（青少年成长励志丛书）
ISBN 978-7-5455-1369-1

Ⅰ. ①庄… Ⅱ. ①万… Ⅲ. ①道家②《庄子》—青少年读物 Ⅳ. ①B223.5-49

中国版本图书馆CIP数据核字（2015）第065179号

ZHUANGZI

庄 子

万有图书/编绘

—— 阅读 · 成长 ——

出品人 杨 政
责任编辑 李 倩
装帧设计 最近文化
电脑制作 最近文化
责任印制 田东洋

出版发行 天地出版社
（成都市槐树街2号 邮政编码：610031）
网 址 http://www.tiandiph.com
电子邮箱 tianditg@163.com

印 刷 山东省东营市新华印刷厂
版 次 2015年5月第一版
印 次 2019年12月第二次印刷
成品尺寸 165mm×235mm 1/16
印 张 7.5
字 数 75千
定 价 29.00元
书 号 ISBN 978-7-5455-1369-1

咨询电话：（028）87734639（总编室）

目录

天才出世

战国中期，周朝国君的统治日渐衰弱，各分封诸侯纷纷自立称王，相互攻伐。经过旷日持久的战争，最终形成了秦、齐、楚、魏、赵、韩、燕七个大国和鲁、宋、越等小国。长期战乱使得民生凋敝，老百姓生活十分困苦。庄周便在这样的时代降生在宋国的蒙县。

十五岁时，庄周已能感受到民生之艰辛了。在当地一个私塾里读书的他，看到土地已经杂草丛生，乡村剩下老人、妇女、儿童，因为壮年农民已经被抓去当兵了。他想：如果在以前啊，春天来的时候，村里的人在

小鸟叽叽喳喳的鸣叫声中有说有笑地下地耕种，到处都可以看到人们忙碌的身影，而现在田里冷冷清清，早已没有往日的笑声和歌声了。

他眺望着远方，忽然看见一位年迈的老人，背弯成弓形在慢慢地用锄头挖着地。老人吃力地把锄头举起，看起来十分可怜。

看到这一幕，庄周心里很是难受，他开始怀疑私塾的章先生所教导的：学习圣人、培养圣人一样的品格，有一天能帮助君主治理好国家，使老百姓过上好日子。

可现实中庄周只看到那些不为广大百姓着想，只为讨好君主的庸臣。庄周认为先生所教的仁、义、礼、智、信对于老百姓来说没有太大作用。

他立刻跑到私塾问章先生：“先生，我们学的知识并不能帮助那些可怜的人啊。”

先生皱皱眉头：“庄周啊，给你说过多少遍了，自孔子以来，先生们都这样说，那就是正确的。”

可是小庄周用他聪慧的眼睛半信半疑地望着先生。从此，他宁愿一个人找书看，希望能解决这个萦绕在他心中的问题。终于有一天，小庄周发现了老子写的一本奇妙的书，名叫《老子》。他非常喜欢，爱不释手。

庄周梦蝶

小庄周勤学好问，同时他也喜欢徜徉于大自然，喜欢去河边捉鱼、采花、看蚂蚁搬家，思考天地万物之事。

有一天放学后，小庄周以百米冲刺的速度来到小河边。河水清清的，哗哗地流淌着，可以看见其中自由自在的小鱼和各种形状的小石头；岸边的树木茂盛，像一把把大伞一样为小庄周遮蔽烈日。他放松地大口大口呼吸新鲜空气，感叹着大自然是多么美好，不断为人类奉献，却从不为自己谋求利益，也不希求获得赞扬。不像

那些贪官大臣们虚伪地讲着大仁大义，却总是欺压老百姓。

小庄周是热爱大自然的，他专心致志地观察河边的小动物，看小虫们如何玩耍，看小蚂蚁如何搬家，有时也躺在绿油油的草地上仰望蓝天。这时，有几只小鸟从远处飞来，停在树梢上欢乐地唱着歌儿，像是在开会，还有的在草地上悠闲地散步。小庄周很是高兴，他轻手轻脚地慢慢向小鸟靠近。小鸟真聪明，“呼”地一下飞向了远处。小庄周很扫兴，他想：如果小鸟和人们能像人与人那样亲密，那该多好啊！可以一起唱歌、一起游戏。人们还可以找一些干草来，为鸟儿建

一个家，有鸟爸爸、鸟妈妈，还有鸟宝宝，这样多好！

可爱的小庄周就这样想着，不知不觉地睡着了。在阵阵花香的包围下，他梦见自己变成了一只蝴蝶，扇动着轻盈的翅膀，在美丽的花丛中飞舞，时高时低，同别的蝴蝶一同捉迷藏。他飞到田野里，看见农民伯伯们在热火朝天地劳动。他与蜜蜂们说笑、与小鸟们在天空中赛跑。他时而停在馨香的花朵上，时而又飞到清澈的水面上，把水面作为镜子欣赏自己的倒影，自由自在、无拘无束。

忽然，一阵大风吹来，使他晃动起来，“当”的一声落在地上。小庄

周身子猛抽一下，惊醒过来，发现原来是场梦，自己仍躺在草地上。他自言自语道：“原来是梦啊，可是，到底是我在做梦还是蝴蝶在做梦呢？是我在梦中变成了蝴蝶，还是蝴蝶在梦中变成了我呢？”他摸摸头，看见太阳快下山了，就急忙向家赶去。

庄周借粮

庄周的祖上虽是贵族，但到他这一代已经没落了，早没有了往日的辉煌，庄周家里贫穷得只能穿粗布衣服，靠在山里挖野菜熬粥来充饥，生活十分艰难。

有一天，家里实在是没有米下锅了，可一家人都等着吃饭啊。庄周在雨中漫无目的地走着，他实在是太累了，又加上没有吃饱饭，便找了一处人家的大门口躲雨休息。他东看看西瞧瞧，忽然认出这是监河侯的家。监河侯虽是个愚蠢的贪官，但是他对拥有学问的庄周很崇拜，曾经拜访过庄周，同时庄周在书法和做文章上曾指

点过他。因此，监河侯对庄周非常感激，还许诺说：“有什么需要帮忙的尽管找我。”于是庄周敲响了监河侯家的大门。

庄周被仆人带进了客厅，不一会儿，监河侯便来到了客厅，一副很热情的样子：“这么大的雨，先生来看望我，真是有失远迎！”

此时的庄周被雨淋成了落汤鸡，还不停地打着寒战。他低着头说：“我来是想请您帮个忙，借我一小袋粮食。”

监河侯一听，愣了一下，随即爽快地说：“行，我马上去收税金，你等着我，一旦把税金全收上来，我一次就借你三百金。”

庄周听后脸色大变，感觉受到了奇耻大辱，他盯着监河侯说：“昨天，我在路上慢慢地走着，途中忽然听见有人叫我，于是我停下来回头寻找，可并没有见人。后来一低头才发现原来是大车压出来的车辙中有一条小鱼儿，是它在叫我。我走过去问它：‘小鱼儿啊，你在这儿干什么呢？你叫我有什么事吗？’小鱼儿的口张着，痛苦地说：‘我原本是东海水族的仆臣，一场大水把我冲到这儿来，现在没法回去了。这车辙中的水也快干了，你能不能帮助我，帮我打一斗水来，救救我？’我说：‘行啊，这是很容易的事，但是，你必须再等一会儿，等我先去吴国和越国观光游览，说服这两国的君主，让他们把西江的水引来迎接你，好吗？’那小鱼儿一听，气得脸色大变说：‘我现在是没有容身的地方了，只要你一斗水我就可以活命，而你却说出这样的话，还不如早一点到卖咸鱼的店里去找我吧！’”讲完这个故事，庄周头也不回地离开了监侯府。

庄子骂曹商

庄周经历了上次借米之耻后，知道自己得找一个好的谋生方式，为自己和家人解决生存问题。某天他在河边发现了许多葛草，很适合编草鞋和竹筐，于是他便开始每天去采草编织，然后拿到市场上去卖。

一天，庄周正在编草鞋，宋国重臣曹商走进屋，几句问候之后，曹商便拉着庄周去看他停在村口的马车队伍，说："你猜猜这有多少辆马车？"庄周猜不出。曹商得意地说："这些马车都是我自己努力得到的。当初宋王派我去秦国时只配了几辆马车给我，可是我到了秦

国的咸阳，见到秦王，他对我十分欣赏，特意赐我九十多辆，与原来的凑成一百辆。”庄周看着得意的曹商，面带微笑听他讲述，于是曹商又开始大肆炫耀：

“我们两人啊，真是各有长短处。你住在这偏僻简陋的地方，靠自己编织草鞋、竹筐维持生活，而这样可怜的生活正是我缺少的。”

此时，庄周望着得意忘形的曹商，心中就似打翻五味瓶一样，于是他说：“我听一位从秦国回来的医生说，秦王得了一种病，身上长了许多小脓疱，正在四处求医，并悬赏：能医除小脓疱的得马车一辆；如果不嫌脏臭，用舌头舔的，可得五辆马车；采用方法越卑下，可得马车越多。你才从咸阳回来，又见过秦王，真的有这样的规定吗？”

曹商听得云里雾里，很是奇怪，他想：秦王没有长脓疱啊。

庄周又说："在想什么啊，你知不知道呢？你不是见过秦王了吗？"

曹商一听，赶忙道："知道，知道。"

庄周又问："那你所治疗的方法是用舌头

舔吗？不然，怎么能得到那么多的马车呢？”

曹商终于明白原来庄周是在讥讽他，顿时哑口无言。

庄周的一生都很贫困。有一次他去见魏王，身上穿了一件打着补丁的粗布衣服，脚上是一双早已穿破的鞋，鞋帮与鞋底都快分开了，为了不使走路时鞋底在地上发出“啪啪”的声响，庄周只好用一根绳子把鞋底和鞋帮捆在一起。

魏王见他这般狼狈，便说：“先生，你为何弄得如此潦倒呢？”

庄周理直气壮地说：“魏王，我这只是贫穷而并非潦倒。”

魏王顿时不解地问：“那先生所说的潦倒与贫穷有

什么区别呢？”

庄周说：“人的心中没有理想追求、没有一个精神支柱，那才叫作潦倒。而我只是衣服旧了，鞋子破了，我还有自己的理想和追求。”

于是魏王又问：“你有自己的理想和追求，那为何搞得如此贫穷呢？”

庄周又答：“贫穷不是因为我不努力，是这个战火纷飞的时代造成的。大王没有见过上蹿下跳的猿猴吗？它们在茂密的树林中抓住树枝跳跃，身手敏捷、动作迅速，人们都不能射中它们。但是它们在小灌木丛中时，就变得畏首畏尾，害怕得发抖，每走一步都小心翼翼。这是为什么呢？并不是猿猴的紧张使它们的筋骨不像以前那么灵活，而是因为它们正处于不利形势下，不能施展原有的本领。正像我生活在君主昏庸、大臣残暴的社会，我想不贫穷又怎么可能啊！”

庄周这次见过魏王之后，大家都知道了他学识渊博、思维敏捷、能言善辩，他的名声也开始从宋国传到其他国家，并被人们尊称为“庄子”。

不入樊笼

庄子一生淡泊名利，不慕权贵。在他内心深处，有着对自由的执着追求。他的名篇《秋水》中就讲了这么一个故事。

在一个天气晴朗的日子里，微风阵阵、万里无云。庄子正逍遥地在溪水边钓鱼。他自小就喜欢那些小动物，尤其是小鱼儿。他面带微笑，安静地注视着水面。

楚国是当时的大国，楚王派了两个亲信到庄子那里，毕恭毕敬地对庄子说：“先生，楚王想请您到楚国去做宰相。”

庄子头也不回地说："我听说你们楚国有一只神奇的龟，都死了三千年了，可楚王还将它藏在盒子里供在堂上。你们说说，这只龟是愿意死了留下骨头被别人尊敬，还是愿意活着在泥地里爬呢？"

两个使者不约而同地说："当然愿意活着在泥里爬啊！"

庄子笑笑说："那好，你们走吧。让我在泥地里活着吧！"

楚王的两个亲信你看看我，我看看你，彼此都不知道该怎么办，只好扫兴地回去了。

游历楚国

庄子虽然拒绝做楚国宰相，但却对楚国的风光物产、人文风俗无比向往。在家乡蒙县章先生所教的学识中，庄子存有很多的疑问。比如楚人不学习孔子的知识，却可以将楚国建设成为物产丰富、人民安居乐业、拥有强大势力的大国。于是庄子产生了一个强烈的愿望，他要去楚国游历一番，找出其中的原因。

在庄子二十三岁时，他告别家乡，从中原向南走，一路饱览那碧绿的水、高峻的山、美丽的花，感受到了很久都未体会到的放松和自由，心中有无限的激动。他

见到了真正的楚人，听到了陌生的楚语，也知道了许多美丽的传说。比如楚国的人民认为自己是日神与火神的后代，因为太阳和火的颜色是红色，所以他们崇尚红色，他们的很多衣服和手工艺品都是红色的。

一天，庄子看见天空晴朗，便决定出去走走。他来到集市上，被一个卖手工艺品的小摊吸引住了。他蹲在那看得很入迷，卖东西的小伙子看他如此喜欢，便向他讲解每一件饰物的由来和含义。

这位小伙子用他炯炯有神的双眼观察着庄子，发现他对当中的两件物品爱不释手，就爽快地对庄子说：“先生你真有眼光，看中了我今天最好的两件货物，你若喜欢，就送给你吧。”

庄子一听，十分不好意思地笑着说：“小兄弟，这怎么可以呢？”

“你拿着吧，做这个很容易，我再做便是。”

庄子推辞说："不用不用，如果要，我得付你钱。"

小伙子笑着说："先生千里迢迢到这里游览，对我们楚人也很友善，不同于那些欺骗我们的中原商人。你是我们的朋友，这点礼物就请你收下吧。"

庄子欣喜地看着小伙子，他被小伙子的淳朴、友爱感动了，在楚国人身上看到了人的美德。庄子觉得他有责任将这样的美德宣传到中原去，让天下的人民都能享受这样幸福团结的生活。不久，庄子踏上路途，离开了楚国。

魏王治病

庄子的好友惠施，也是宋国的一位哲学家。庄子从楚国回来后，便去见正在魏国都城大梁任职的好朋友惠施。他们彼此多年不见，见面时如兄弟一般。庄子把他在楚地的见闻讲述给惠施听，惠施也是大开眼界。于是要求庄子多留几天，同他好好叙叙。

这天，庄子正在院中侍弄花草，惠施来找他说：“老朋友，魏王差人送信，说他很想与你见个面，你觉得呢？”庄子头也没有抬，说：“我不想见他。”惠施很是为难，于是劝说他去。庄子说：“我就是这样的个

性，不想见什么魏王，也不想求官得赏。”可是惠施毕竟是庄子的好朋友，在老友的再三请求下，庄子勉强同意了。

魏王在庄子对楚地进行一番描述后，说：“先生，楚地宋国只有粗茶淡饭可吃，到我这来，美酒美食可以尽情享用。”庄子不卑不亢地说：“我到此地不是想尝贵国的美味，而是来给您治病的。”魏王很是不解，庄子继续说道，“大王，您如果一味追求享乐就会损害生命而得病；可是您如果不享乐，您的感官欲望又得不到满足，影响自己的心情，这不是病吗？”见魏王仍不明白，庄子又说，“大王，您对马、狗都很熟悉，您知道它们的好坏标准吧？下等狗，只知道吃饱了就睡觉；中等狗，很有警惕

性；上等狗，看起来是无精打采的，但主人一使眼色，就身形敏捷，动如脱兔。马也是这样。”魏王还是很疑惑地问：“狗和马的确是这样，可这与治病有什么联系呢？”庄子说：“大王，您想想，如果您能让自然天性显露出来，一切顺其自然，您这种矛盾的病便能治好了。”魏王听后恍然大悟并且十分高兴地说：“先生，您的养生之道还真是有道理，您能不能做我的专职医生呢？”庄子婉拒道：“不，我喜欢自由自在地生活。”于是庄子在几天后离开魏国，继续他的游历生活。

替鲁王解忧

鲁国是周朝开国大臣周公旦的封地，这里也是孔子的故国，因此是战国时期所有的诸侯国中周礼保存最好的国家。庄子追求的是自然、本真，所以他对那些儒家古礼十分反感。

庄子周游到鲁国的土地上，看见那里的人们都是按照礼仪规范而生活，每天按时起床、劳动，生活得一板一眼，似乎连空气都要凝固了，连水中的小鱼、空中的小鸟都显得没有生机。

随着庄子四处讲学、游历，他的名声越来越大，因

此他的无功无名的学说也渐渐传播开来。鲁王听说这位久闻大名的学者来到了鲁国，非常高兴，迫切想同他见面谈谈。

有一天，鲁王穿戴整齐，亲自去庄子住的地方拜访。见到庄子以后，鲁王十分开心，激动而热情地对庄子说："久仰先生大名，您能到鲁国，是我鲁国全国人民的福气啊！"

庄子很有礼貌地说："大王，您太客气了，有什么能帮助您的吗？"

鲁王顿时变得不开心了，眉头皱成了一把锁似的，他说："先生，我从小就受仁义的教育，继承王位后更是尽心尽力治国理政，但是我也有很多烦恼，我该如何解决它们呢？"

庄子同情地看着鲁王说："大王啊，据我观察您所

用的方法是错误的，就好像您本来想去南面的地方，却向着北方奔跑，您跑得越远，离目标也就越远了。”

鲁王不解地问：“方法是错的？作为国君，爱百姓、祭祖先、走仁义的道路，这怎么会错？”

庄子答：“大王，您的烦恼不是来自别处，是来自您拥有的鲁国。您见过美丽的狐狸与豹吗？它们住在荒无人烟的深山中，白天藏起来睡大觉，以免被人们发

现，晚上才出去，行动十分小心。但是它们仍然无法躲过猎人的捕网。这是为什么呢？是因为它们身上的皮毛太美，给它们招来杀身之祸。大王，您拥有如此广阔、富有的鲁国，周围的邻国都想占有您的宝地，但如果您摆脱这个华丽的外表，涤荡心智，摈除欲念，就能逍遥于没有人迹的原野。我曾去过越国，那里的老百姓朴实而忠诚，乐于关心帮助他人，却不追求别人的回报，他们互相团结、友爱，生活得很舒适自在。”

鲁王顿时解开了心中的结。他觉得庄子的建议、学说都很透彻有用，于是也同前几位国君一样，希望庄子留在鲁国，但依然未能如愿。

几天后，庄子离开了鲁国。

游历赵国

赵国是战国后期非常富足的大国，为“战国七雄”之一。当时各国相互攻伐，赵国凭借富足国力，吸引了很多人前往投奔。它的都城邯郸也是相当有名气的。于是庄子决心到赵国看看，他开始了艰辛的长途跋涉。

那时在位的赵文王，是个有雄心大志的君主，立志在各诸侯国的纷争之中扩大赵国的疆土。他认为必须用武力来征服其他国家，因此，这位大王十分重视剑术，他常常召集许多剑士在宫廷中表演剑术，而且要全国百姓都来学剑。

在当时，“只要学习剑术就能做官发财”是人们的共识。人们都去舞刀练剑了，导致许多田地荒芜、杂草丛生。

重武轻农使得赵国的国力一天天下降，面对这样的形势，有一个人吃不下睡不着，对此十分苦恼。

这人便是赵文王的儿子太子丹。他常想：父王继续这样下去，对朝政不闻不问，我们赵国不就完了吗？这可怎么办啊！

于是太子召见了自己信任的大臣来讨论怎么解决这一问题。大家都十分头痛，想不出一个好法子。

终于有位大臣开口了：“太子殿下，臣听说最近有一位叫庄子的人来到咱们都城，据说他才学广博，曾经游历过许多地方，口才也十分了得，可以算是天下学者中排第一的。他曾与魏王、鲁王都有交往，咱们不妨请

他来出出主意？”

太子一听顿时精神百倍，高兴地说：“快快将他请来！”

大臣赶紧带着重礼去请庄子，然而庄子拒绝了千金赏赐，却答应去拜见太子。

见到太子，庄子说：“太子您给我这么多钱，您需要我做什么呢？”

太子忙说：“听说先生才学广博，若先生不肯接受报酬，我怎么好开口呢？”

庄子摆摆手说：“听说太子想让我说服赵王不要沉迷于剑术。太子您想，如果我劝说赵王而惹怒了他，可能会遭杀身之祸，我拿这些钱财有何用呢？如果我成功说服了赵王，完成了太子您交给我的任务，那到时我想要什么赵国会不给我吗？所以，这钱我不需要。我如果说服了赵王，也算是为赵国的百姓做了件好事，所以我愿意去试试。”

太子一听，高兴得说不出话来。他紧紧地握住庄子的手，连连说道：“真是太感谢先生您了，先生不愧为贤人呀！”

庄子论剑

庄子既然答应了赵太子的请求，就要尽心尽力地去完成。第三天，他换上赵太子为他准备的剑士服装，同太子一起去拜见赵王。

庄子见赵王时没有下跪，也没有行礼，不过赵王知道剑士往往都是这样的性格，便没有在意这些，直接问道：“你有什么宝剑要献给我，有什么高超的剑术要讲给我听？”庄子自信地答道：“我听说大王喜欢剑术，所以想要把我的剑术献给大王。我这剑术，十步之内便能使一个人投降，千里之内没有人能够抵挡。”赵王一

听，顿时兴高采烈地说："那你快讲讲你这天下无敌的剑术！"庄子见赵王如此开心，便进一步说："这套剑术，练起来使人摸不着头脑，用起来使人来不及提防。大王不如找个人来跟我比试比试。"

第二天，赵王派出他手下剑士中的精英与庄子比剑。

赵王问："庄子，你用什么剑啊？"

庄子说："我用什么剑都行，我有三种剑，不过在比剑前，大王请允许我先介绍介绍。"

赵王说："请讲。"

庄子慢慢道来："剑分为三种，平民百姓用的剑、诸侯用的剑和天子用的剑。"

赵王一听忙问："天子用的剑是怎样的？"

庄子答道："它以燕溪、石城为剑端，以泰山为剑刃，以晋国为剑背，有山包着，有海围着。这剑可以统率诸侯，使天下安定，百姓安居乐业。这便是天子之剑。"

赵王听后有些不悦，又问："诸侯剑呢？"因为赵王是个分封诸侯，所以更关心这个问题。

庄子回答道："诸侯之剑是把无形之剑，有智慧有勇气的人作为剑端，清正廉洁的人作为剑刃，以德行优良的人为剑背，用忠诚义气之人来环绕保护它。这剑能使百姓安居乐业。"

赵王一听，顿时很失望，因为他是个诸侯国的大王，但他从没有得到过这样的好剑。

赵王坐在椅子上想了想才明白，庄子的目的是让他不再沉迷于剑术，而是认真过问朝政，关心百姓生活，那样国家才能强大。从此以后，赵王不再沉迷于剑术，成为一个好君王。

不做牺牲

庄子周游列国后，已是而立之年，阅历更加丰富。他十分想念自己的家乡，于是踏上归途回到了宋国，娶妻生子，准备过一个平凡人的生活。

得知庄子回到宋国后，宋国的国君派了两位使者带了许多贵重礼品去拜见庄子。

两位使者见到庄子说："我们是宋国君王派来的，大王很早就听闻先生的大名，可总没有机会见上一面，现在您回到宋国，大王希望能请先生到宫中去做客。"

庄子听后，微微一笑说："两位来客，你们路上辛

苦了，坐下喝杯水，顺便听我给你们讲个故事。”

于是两位使者便坐下，望着庄子。

庄子说：“你们见过被拉去祭祀的牛吗？人们平常日子里把它喂养得那么好，照顾得那样周到，打扮得那么美丽，可总有那么一天，它将会被牵到大庙之中，作为祭品供奉祖先。你们想想，到那时候，牛儿想要做一头在荒郊野外自由游走的牛，也实现不了了吧？因为一旦被人类控制就没办法做一只自由自在的牛了。你们明

白我的意思吗？”

两个使者面面相觑，露出似懂非懂的表情。

于是庄子继续说道：“我宁愿做一只在野外孤独游走的牛儿，也不愿做享受人们百般照料却最终会被宰杀祭祀的牛。所以，二位使官，你们请回吧，我是不会接受你们大王的重任的。你们看我现在的生活自由自在，妻子和儿子都陪伴在我左右，虽然不富有，可我们活得快乐，不用担惊受怕，这才是我要过的闲适生活。”

宋王的两个使者只好无奈地离开了。他们从心里佩服这位学者的品德和信仰。

漆园小吏

庄子崇尚自由，不为物役，不慕功名，先后拒绝了魏、鲁、赵、宋各国国君的邀请。但是随着孩子的出生，柴米油盐的物质需求还得满足才行。无奈之下庄子只有求助于好友惠施。

惠施此时在魏国身居高位，庄子给惠施写了一封信，托人带去。由于当时魏国比宋国强大多了，所以惠施出面自然很管用。一个月后，宋国的一纸任命下来了，任命庄子为蒙县的漆园吏。虽然俸禄不高，庄子倒也不再愁生计之事。

在漆园中做工的大多是奴隶，生活十分凄惨。有一天，庄子在漆园里转悠，他发现他走到哪里，哪里的人们就不说话了，他心想：咦，怎么那么奇怪呢？难道他们都害怕我？于是他来到一个白发老者面前，和气地询问道："老人家，您在这儿做了多久啊？"

老人家爱理不理地说："从我父亲开始就在这儿干了。"说着，便拿起工具走开了，庄子立刻跟上去说："老

人家，您休息休息吧，这么大岁数干这么重的活，那是不行的啊。”

老人家用一种奇怪的眼神看着庄子说：“我们就是做苦活的命，一直要到死才会结束。”

庄子立即说：“老人家，从明天起，您就换个岗位，负责登记货物的数量，不用干这些重活了。”

老人抬起头看着庄子，不敢相信刚才听到的是真的，于是“扑通”一声跪在庄子面前，不停地磕头，流着泪说不出话来。

从此以后，漆园中的工人们都很喜欢这个长官，因为他从来不会用鞭子打人，有良心，关心爱护贫苦百姓。因此，工人们更加卖力地干活，渐渐地，漆园生产的漆质量好、产量高，受到了老百姓的一致好评。

远游吕梁

庄子出仕，只能舍弃自由；而舍弃仕途，则更无自由。为了家庭生活，庄子舍弃了自由，而内心却总有一种孤独感折磨着他。一天，有位年轻人前来拜访，想要做他的徒弟，这人叫作蔺且，是魏国人。他对庄子的学问十分崇拜，因此不顾路途遥远前来拜师，经过多次请求，庄子终于答应收下了这个徒弟。

忽然有一天庄子对徒弟说："蔺且，我在蒙县已经待了许久，我们一同去远游吧。"徒弟很高兴，期待师父早早动身。在一天清晨，庄子打理好漆园的事

便告别家人，带着蔺且开始远游。经过几天的跋涉，庄子和蔺且来到了吕梁。这儿有一个巨大的瀑布吸引住了他们。瀑布有几十丈高，从很高处落到地面，溅起的水珠在几里地之外都能感觉到，巨大的声响似乎要把他们的耳朵震聋。

二人沉醉在美妙的景色中，感叹大自然是多么神奇壮观。突然有个人从河岸边纵身跳入了水中，就像一条鱼似的钻进水里。庄子忙说：“蔺且，快，快去救人！”边说边和徒弟一起向岸边跑去。

庄子想：这一定是一个对生活失去信心和希望的人，想结束掉自己的生命。但是，当他们跑到那人落水

的地方时，已经看不见那人的踪影了，师徒二人焦急地寻找着。

这时，一个人从百米以外的水中冒了出来，并自由自在地游泳。庄子看着那人如此高超的游泳技术很是惊奇，盯着他的一举一动出了神。那人感觉到庄子的注视，便迅速地游到岸边。

庄子走上前说：“请问，您的游泳技术为何如此高超呢，难道是得到了神奇的力量吗？”

那人回答说：“我没有什么神奇力量啊。我从小在水乡长大，常常同水玩耍，渐渐熟

悉了它的规律，不知不觉中便掌握了游泳的技术。我游泳时遇到漩涡便陷入漩涡，遇到波浪时便被波浪推出来，完全是借水的力量，并不是我自己的力量。”

庄子听后点头称赞。他心情畅快，感到太阳也更加灿烂，鸟儿的歌唱也更加动人了。徒弟蔺且看到师父如此欢欣，不解地问：“师父，您为何听完那番话后如此高兴？”

庄子拍拍蔺且的肩说：“那人依照水的自然规律，不以他自己的力量去搏击水，便驾驭了水。同样，我们顺应自然规律便能更加自由自在，做到遵循自然的规律，不按自己的喜好去改变它。”蔺且听了师父这番高深的论述，开始渐渐明白“道”的真正含义了。

辞官归隐

庄子在漆园做了四年小吏，微薄俸禄倒也能满足日常之需。让他很满意的是可以时不时地与工人聊天，同蔺且讨论学问，深化自己的思想境界。

可是好景不长，这样安逸的日子没过多久。宋国君王的弟弟偃登上了王位，大家都以为他是位励精图治、体恤百姓的君主，其实不然。他花钱如流水一般，日日灯红酒绿、歌舞升平，并且派人在全国搜寻拥有绝代美貌的女子数千人。这样一个花天酒地、不务正业的君王怎么能治理好国家呢？更加可恨的是，为了满足自己的

欲望，宋君偃向百姓征收更多的税，使百姓生活十分艰难。

这样的噩运终于降临到漆园，宋君下达了让漆园大幅度增产的通告。漆园的漆是宋国一项重要的财政来源，用它可以换别国的珍宝。然而漆园工人本已十分辛苦，漆园林木也很难迅速扩大种植面积，这可如何是好？面对这样一个吸血鬼一样的君王，庄子心情十分糟糕，他决定到外面散散心。

在树林中，他看见一只蝉，正在树叶下悠然地休息，它一点都没有感觉到一只螳螂在不远处虎视眈眈，没有感觉到即将到来的危险，而专心的螳螂也没有发现，身后有一只黄雀早把它当作了猎捕目标。看到这一幕的庄子总结出：任何图谋别人身上利益的人，同时也有可能被他人作为利益来图谋。因此，庄子觉得该立即辞官，不能再待在这黑暗的官场里了。

“道”在哪里？

庄子带着妻儿与弟子蔺且回到蒙邑老家，他那间破败的茅屋此时已无法住人了，只要一下雨，就变成水帘洞一般。往日的苦难又摆在庄子面前。因为庄子做了几年的漆园管理人，手中有了一些积蓄，于是便拿出一点来新修了间茅屋。日子虽过得清贫，却再次回到令庄子惬意的自由自在的生活。他每天依旧看看书，同弟子讨论学问，余下的时间又同从前一样摆弄花草，去河边钓鱼，到树林中散步。这时的庄子作为学者已经很有名气，常常有不远万里来向他求学或是想拜他为师的人。

有一天，庄子起床后，坐在院子里看书，有个叫东郭子的人来向他求学。不过这个人并不像别人那样有礼貌。他一坐下就问庄子：“先生常常说‘道’这个东西，可我们从来没见过，先生是不是同样也没见过,而是故意欺骗我们，让我们都认同你的学说？”

庄子一听，起初很不高兴，不过他耐心地对东郭子说：“道，它存在于万事万物之中。”

东郭子没好气地说：“万事万物？你能举出具体的例子吗？”

庄子闭上眼微笑着说：“比如昆虫中的蚂蚁。”

东郭子吃惊地睁大双眼：“道怎么在如此卑下的蝼蚁之中呢？”

庄子继续说：

“道不仅在蚂蚁中，还在砖头瓦片之中、在粪便之中！”

东郭子问：“为何你所谓的道所在的地方越来越低下？”

庄子答道：“先生你刚才的问题，并没有理解道的真实含义。道，它是不可以用语言来说，只能用心体会的。管理集市的官员问他的助手怎样通过看猪的腿来检测它是肥还是瘦，助手告诉他越是向下看越能明白。同

样的道理，为了让你把‘道’看清楚，我只有让你从小蚂蚁到瓦片到粪便，越来越低下啊！”

东郭子继续追问：“那么道究竟在哪儿啊？”

庄子答道：“你其实不用关心道在什么东西上，因为它存在于所有的事物中。”

东郭子似乎有些明白了，便说：“先生，那我怎样才能获得‘道’呢？”

庄子大笑说：“你应做个真实的自己，不要有多余的想法，平心静气地对待各种人，自由地生活，你的精神就会获得极大的自由，那样你自然就能明白‘道’了。”

东郭子听庄子这么一讲，终于心服口服地走了。

寓言传道

一天清晨，弟子蔺且起床后发现庄子一个人站在修葺一新的院子中，面对着天空发出了苦恼的感叹。

蔺且便走上前问师父："师父啊，您一大早起来为什么发出这么让人担心的感叹啊？"

庄子坐下来，说："蔺且，我发现我很难将我的学问、想法传授给别人。因为心里体会到的东西，如果用平常的语言表达出来就变味了。"

蔺且眉头紧锁，他很为师父担忧，但是却帮不上一点儿忙。

忽然，庄子说：“我昨晚梦见一个名字叫知的人求‘道’的事。梦中知在沅水一带游玩。在一个小小的山坡上，他遇见了一个叫无为谓的人，于是便说：‘无为谓，我想问你个问题，怎么样才能明白道，怎样才能得到道？’这个无为谓没有回答他。知便继续走，来到白水附近的一个山坡上，遇见了叫狂屈的人，他又问狂屈同样的问题，狂屈说：‘这个问题我心中有答案，可是当我想开口给你讲时我就忘记我要说的话了。’于是知很不满意他们二人，便直接来到了黄帝的宫殿，并向黄帝问了同样的问题。

“黄帝回答他说：‘不要思考，不要忧虑，慢慢

就可以知道道的含义了。’知很失望地说：‘你的回答没有让我明白道，但是无为谓不回答我，狂屈不知怎么表达，你们三人谁更接近道呢？’黄帝回答：‘无为谓更懂得道。’‘为什么呢？’知继续问。黄帝边笑边回答说：‘无为谓他真的明白道，在于他没有用语言表达给你听，因为道是不能言传的；狂屈是接近道，因为他想解释给你听时却无法表达；而你和我都不是明白道的人。’”

蔺且听完后，不解地望着庄子："师父，那'道'不可言传，您的学说又是如何传开的呢？"

庄子爽朗地笑了笑说："蔺且，我要再给你讲个故事。从前有一个叫作齿缺的人，他也十分想明白'道'，于是他就翻越千山万水去问得道者披衣。披衣很客气地对他说：'你应该使你的身体端端正正，让你的精力集中，不要走神，并且头脑中什么都不要想，那么道的神奇力量就会降临在你身上。到那时候，你的眼神就像刚出生的牛犊一样明亮，没有任何杂质。'

"这时，这个叫齿缺的年轻人已经在椅子上睡着了，睡得像刚出生的小孩一样安心。披衣见了这场面，十分动容，他没想到齿缺的领悟力那么高，这么快就懂得了'道'的真谛。"

听完故事后，蔺且说："师父，如果来问'道'的人都有像齿缺一样高的领悟力就好了，传道就不会那么困难了，我要努力做个像齿缺那样的人。"庄子听了，欣慰地点了点头。

讽喻监河侯

一天，庄子正在院中读书、赏花，突然，传来一阵敲门声，原来是那位贪官监河侯来访。庄子当初落魄时向他借粮而不得。不过有教养的庄子还是很有礼貌地请监河侯进屋。

监河侯走进屋中，环视四周之后，扬扬得意地对庄子说："先生啊，你现在这般贫穷模样，真是可怜，如果当时继续在漆园做官，同样可以求学、讲道、游山玩水、亲近大自然，就不会像现在这样清贫了！"

庄子看着得意忘形的监河侯，想了想说："你见过

猪身上的虱子吗？我认为它是最笨，同时也是最可怜的东西。”

监河侯说：“先生，你有什么话就直说吧。”

庄子闭着眼睛说：“有一只虱子，它自由自在地生活在猪毛之间的空隙中，每天从早到晚东跳西蹿，十分高兴，它认为自己住在广宫大囿里过着很幸福、很舒适的生活。日子就这样一天天过去。忽然有一天，有一个屠夫提着把大刀，

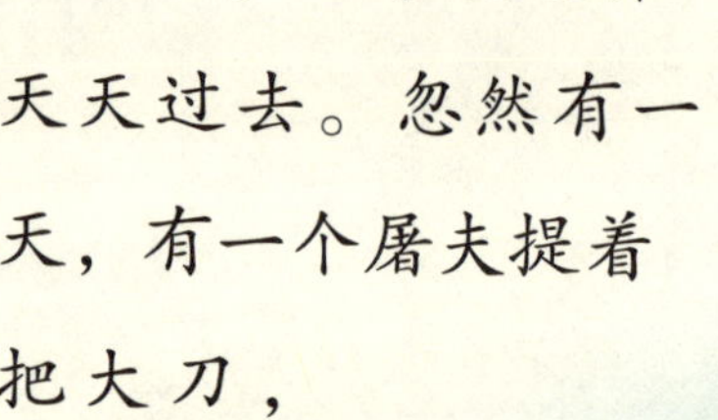

走过来将猪杀死，然后抱了一大堆干草，用火把它点燃，要将猪毛烧尽。虱子还没反应过来，就连同那些猪毛一同化成了灰烬，更不用说逃跑了。”

讲完故事后，庄子看看监河侯，他傻愣愣地站在那里，似乎并没有明白其中的道理，讪笑着说：“先生还为猪虱忧心啊，真圣人也。”庄子便继续讲下一个故事。

庄子说：“从前有一个人叫无端，以养猪为生，而且专门为朝廷喂养供奉祖先时所杀的猪。

“有一天，有人送来一只小猪，这只小猪与别的猪很不同，它一点儿也不安分，在猪圈中一个劲儿地叫唤，拼命地用它的脚踢猪圈的栅栏。小猪想：‘我不想死，我

要想尽办法逃出去。'正当小猪大发脾气时，无端生气地跑过来，对小猪说：'小猪，你为什么那么吵啊？难道你怕死吗？如果我用上等的、味道极香的食物喂你三个月，再把你恭恭敬敬地送去斋戒，最后把你的肉砍成碎块，你愿意吗？你一定不愿意吧，你宁愿吃那些难以下咽的食物，在猪圈中悠闲地散步，也不愿意死掉，对吧？'

"第二天，皇上下了旨，给养猪人无端每日吃君王所吃的食物，身边像君王一样美女如云，所有的钱财也都任他挥霍，但是有一个苛刻的附加条件，就是在君王死后，他必须作为陪葬的祭品被活埋掉。面对如此不合

理的条件，无端却十分高兴地接受了。监河侯，这个无端和那只小猪的情况十分相似，但是连小猪都宁愿平凡地活着，为什么无端会愿意去送死呢，不是很蠢吗？”

此时，监河侯脸色大变，十分不开心，什么都没有说，转身离开了。庄子看着远去的监河侯，自言自语：“我只是提醒你不要把官位、钱财看得太重啊！”

惠施的大葫芦

一个风和日丽的早晨，老朋友惠施突然来看望庄子。惠施在魏国任相国，因与张仪不和受到排挤，最终被驱逐回宋国。

庄子非常高兴，在好好地款待了老朋友之后，便邀老朋友同他讨论讨论学问。他说：“惠施，有人曾经说我的学说是无用的，我这两天就一直在思考有用和无用的关系。”

惠施说：“那你想通了吗？说来听听吧。”

庄子舔舔嘴唇回答说：“用我们所生活的土地作比

喻吧。看，我们脚下的土地是多么宽广啊，但我们所利用的不过只是能放下脚的一小块地方，周围的土地看上去一点用都没有。但是如果把这些土地都挖掉，我们还能走路吗？到那个时候，当时对我们有用的那小块土地，对我们来说还有什么作用呢？所以，无用的东西看似没用处，其实还是很有用处的。”

惠施不服气地说：“魏王前段时间送我一粒大葫芦的种子，我把它种在自家的园子里，没过多久，便长出了一个有五百多斤重的葫芦，全家人都很高兴，商量如何使用它。可是我们发现，直接用它装水会漏，劈成两半做舀水的瓢又太大。我只好把它打碎了放在园里，你说它有什么用？”

庄子说：“老朋友啊，世

界上任何东西都不止一种用途，你的思路太狭窄了，你可以看看它有没有别的用处。我给你讲一个故事吧。在宋国的一个地方，人们世世代代从事洗丝业，所以发明了一种祖传的擦皮肤的药，涂在手上可以避免冬天洗丝时手上的皮皲裂。忽然有一天，来了一个外地的商人，他想用一笔巨款来买制作这种药的方法。这对洗丝的人来说可是一件天大的喜事，他们认为把药方卖了可以赚一大笔钱，比洗丝赚钱容易多了，因此高兴地把药方卖给了他。后来，外地人学会了这个药方，将药用于军事上。当时，吴国攻打越国正是冬天，吴越两军在水上大战，吴军因涂了预防手干裂的药，可以很好地发挥战斗力，越军只能被迫投降。吴王特别高兴地对这个商人说：‘你为我们吴国立了大功，我将获得的土地分给你。’你看，这个药方的功能只是防干裂，有人却能用它换来土地。这便是同一东西用在不同地方的差别。”

惠施听了连连点头称是。

美丑之道

有一天，庄子在与弟子讨论道后，忽然说：“你们要重视道，但是不能忽视内在美啊，我给你们讲两个故事吧。

“从前有个名叫支疏离的人，天生有严重的缺陷，非常丑陋：脸都垂到了肚脐以下，肩膀高高地立着，超过了头部，头发又向天空中翘起，五脏的血管全部露在外面，清晰可见，两条腿又与两边的肋骨紧紧地连在一起。总的来说是天生的残疾，无比的丑陋。然而，不幸的是他还有一个双眼失明的妈妈，不仅不能给他帮忙，

反而增加了他的负担。可支疏离并不因此而丧失生活的信心，他到处找活做，比如给人家洗衣服、放牛，挣一点钱来维持生活。而且他对妈妈十分孝顺，每天做完活后，都给妈妈洗脚，服侍她睡觉，是他家乡出了名的孝子。

“还有一个叫作王骀的人，他在一次外出时不幸摔断了腿，从那以后，行动十分不方便。但是他很坚强，没有被眼前的困难所吓倒。他从不麻烦别人，尽量自己照顾自己，不认为自己是残疾人，把自己当作正常人看待。而且，王骀还是个有学问的人，有很多弟子，弟子们也没有把师父当作残疾人对待，依然很尊敬他，把他当作一个坚强的榜样，学习他乐观地面对生活。”

庄子不仅同情残疾人，而且还很关心他们。他认为他们远离权势，也不在乎钱的多少，保持了人的本真性情。他教导弟子要忘记他们残疾的外表，记住他们内在的美好品行。他还讲了个故事给弟子们听：

“有两个先天残疾并且相貌十分丑陋的人。其中一个是瘸子而且驼背，嘴上还有一个小豁口，说起话来含糊不清；另一个脑袋特别大，个子却很矮小，脖子上长了一个像皮球一样的瘤子，走路总是低着头，那瘤子一

上一下地跳动，十分难看。有一天，这两个人去同卫灵公交谈。刚见到二人时，卫灵公很嫌恶，因为这两人太丑了，但作为有教养的国君，他只好努力让自己

心平气和地坐下来同两人交谈。渐渐地，他发现这两人的心灵无比善良，顿时敬佩之情油然而生。通过谈话，卫灵公已忘记了两人丑陋的外表，被他们的内在美所吸引。这次经历使卫灵公改变了以貌取人的习惯，更加重视人的内在修养。”

庄子讲完后，慢慢闭上了眼睛。弟子们已听得入神，决心要做个有内在美的学者。

呆若木鸡

有一天，庄子在园中与弟子们读书论道。其中一位拜师不久的弟子道出了自己的苦恼：“先生，弟子常常俗事缠身，无法静心读书，请问有什么妙招或捷径呢？”

庄子想了想，说道：“这样，我给你讲一个故事吧。在周朝的时候，有一个叫纪渻子的养鸡专业户。这个人不同于一般的养鸡专业户，他养的鸡是专门参加斗鸡比赛的。只要是他养的斗鸡，一定能打遍天下无敌手。久而久之，他的名声传到了周宣王的耳朵里。

“于是，有一天，周宣王就出了很多钱和礼品聘请他来当皇宫的斗鸡培训基地负责人，专门为王公贵族培养斗鸡。有这么多的钱，这么好的条件，纪渻子自然很愿意，而且很尽心地为周宣王培养斗鸡。

“一转眼，日子就已经过去十天了。这天朝廷没事，周宣王便来这王室斗鸡培训基地巡视，他问纪渻子：‘纪先生，这些鸡是不是已经训练好了啊？’

“纪渻子老实地回答：‘还没有，这些鸡生性浮躁，自视很高，现在还不能用。’

“周宣王只好失望地回去了。又过了十天，周宣王心痒想斗鸡，于是又问纪渻子：‘先生，现在鸡训练好了吧？’

“纪渻子还是老实地回答说：‘不行啊，这些鸡一听到响声就叫，一看见影子就跳。’

“周宣王只好又垂头

丧气地离开了。日子又过了十天，周宣王心想，这次总该训练好了吧，于是再去询问训练的情况。

“纪渻子的回答再次使周宣王失望了，他说：‘不能用，这些鸡一看到迅速动的东西就心浮气躁，气势强盛。’周宣王只好怏怏地离去。

“日子又过了十天，周宣王对纪渻子已经不抱任何希望了，但还是心存侥幸地问纪渻子：‘先生，那些斗鸡可以用了吗？’都说不抱希望的时候反而有所收获，这次纪渻子的回答是：‘差不多了。别的鸡即使打鸣，它们也已经不会有什么反应了，看上去像木鸡一样。它们可以说是完全具备了一流斗鸡的素质，别的鸡没有敢于应战的，见到它们就掉头

逃跑了。’后来，周宣王用这些鸡去比赛，果然屡战屡胜。”

弟子听后，对庄子说：“先生，我明白了，这则故事说明做事情要有定力，有一定的恒心，下定决心做的事，就不要轻易动摇。”

庄子说：“你的悟性越来越高了。”

当然，现在的这个词表达的意思早已与庄子的寓言含义相去甚远了。现在“呆若木鸡”表示的是十分愚笨，也形容因为害怕或惊奇发呆的样子。

邯郸学步

庄子曾在一篇文章里讲了一个有意思的故事。在燕国的寿陵这个地方，有一位不愁吃穿、长相中等的少年，他有个很大的缺点就是缺乏自信心。他常常无缘无故地感到事事不如人，总觉得自己低人一等，常常认为衣服没有别人的好看，饭菜没有别人的好吃，甚至站相坐相也是别人更高雅。于是他见到什么就学什么，可是总是学一样丢一样。

家人常常劝说他改一改这个毛病，他从不听劝，还认为家里人管得太多。亲戚邻居都说他是猴子掰玉米，

掰一个丢一个。

有一天，他突然开始怀疑自己走路的姿态，越看越觉得太笨、太丑。下午时分，他在路上闲逛时，碰到几个人谈天说笑，只听得他们说邯郸人特别有风度，走路姿态又潇洒又优雅，他十分高兴，希望可以学到优雅的走路姿态，便上前向那几人打听。可没想到，那几人一见到他就哈哈大笑，笑完之后便扬长而去，把他搞得很是糊涂。可他还是迫切地想知道，邯郸人走路的姿势究竟是如何的美妙呢？他一连想了好几天，绞尽脑汁也想不出来，成了一块心病。

终于有一天，他实在忍不住了，瞒着家人，独自跑

到遥远的邯郸学习怎么样走路。

刚到邯郸，他感到十分新鲜，简直令人眼花缭乱。看到小孩走路，他觉得很活泼，便学；看见老人走路，他觉得很稳重，也学；看到妇女走路，婀娜多姿，又学。

就这样，不到半个月的时间，他连走路都不会了，哪怕是以前自认为又丑又笨的姿势都已忘记了，没办法，他只能爬着回家。

这个故事出自《庄子·秋水》。“邯郸学步”后来作为成语流传下来，用来比喻生搬硬套、机械地模仿别人，不但学不到别人的长处，反而会把自己原来的优点和本领也丢掉。

知足常乐

惠施从魏国回到宋国后，有幸被宋国君王任用，然而，惠施的政治理想并没有获得宋王的认可。从那以后，宋王就不再请教他国事，因此惠施觉得特别无聊，闲着没事便计划去老家蒙县走走。

这天，庄子正在蒙县一条河边钓鱼，波光粼粼的河水勾起了他许多儿时美好的记忆，他不知不觉地想起了他的好友惠施，这么多年没有见面了，也不知道他过得怎么样。正在此时，有一个人走到他背后，拍了拍他的后背说："兄弟，好久不见，你还是这么悠闲。"庄子

一听，这声音多么耳熟啊，立刻转头看了看身后的人，正是自己思念的惠施。老友相见，激动不已。庄子赶忙放下手中的鱼竿，紧紧地抓住惠施的手，不停地从上到下、从左到右地打量他。惠施也很激动，仔仔细细地看着庄子，两人一言不发，此刻有千言万语在心中，都不知道说些什么才好。终须有一人打破沉默，庄子先开口道：“老兄，你的头发都白了，一定是很辛苦吧？”惠

施意味深长地点点头，看着家乡青青的草，弯弯的小河，想着自己在官场这二十多年的风风雨雨，心中涌起无限感叹，不禁赞叹起家乡的美。

庄子开玩笑说：“你现在是功绩显赫、名声广传的人，还会留恋这样的穷乡僻壤吗？”

惠施感慨地说：“唉，我现在就好比丧家之犬啊！”

庄子很吃惊地问：“为什么呢？”

惠施便告诉他，自己是怎样被张仪用诡计赶出魏国，又是怎么做了一回皮球被楚王踢到宋国，说到声音都哑了。

庄子感慨地说：“当年我就不赞成你去魏国，辛辛苦苦几十年，却换来满头白发。”

惠施却说：“但我也为魏国的老百姓做了不少好事啊！”

庄子笑着说：“我们去家中叙叙旧吧。”边说边收拾渔竿，惠施也过来帮忙。他动手提装鱼的桶，可是实在太重了，于是就叫人过来帮忙，这时庄子笑着说：“兄弟，要不了这么多鱼。”于是庄子伸手捞出五条较

大的鱼放在草地上，然后提起桶走到岸边，连水带鱼全倒进河中。那些被放掉的鱼儿飞快地钻进水里，无影无踪了。

惠施不解地看着庄子：“这是……”

庄子微笑着说：“够今晚吃的就好了，何必要那么多呢？”

惠施马上就领悟了老友的良苦用心，他想：像他这样贫困的人都懂得取舍，而我这样的朝廷大官却患得患失，我俩的境界真是高下立判啊！

庄子赠忠言

庄子陪惠施在蒙县游玩了几天，惠施也对庄子讲了许多心里话。虽然惠施身居高位，心忧天下，可是空有抱负却得不到重用，作为朋友，庄子很为他惋惜。他对惠施说："你有没有兴趣听我讲故事呢？我给你讲个故事吧。

"一次吴王在乘着小船逆江而上的时候，来到一座大山前，这里聚集着许多猴子。吴王坐在船上，看见那些猴子十分好玩，于是便下船向山上攀登，想看个仔细。不料，猴群看见有人过来，受到惊吓，纷纷从四面

八方向树林中跑去了。可是有一只猴子却十分奇怪，见到同伴们一哄而散，也没觉得害怕，反而还十分胆大，自由地来回跳跃于错落的树枝之间，似乎在向吴王炫耀它的技巧。由于它很灵巧，瞬间就可以从这棵树攀到那棵树。一向专横的吴王见到这样的情景，十分不悦，他认为这只猴子在故意展现对自己的蔑视。于是吴王一把拿出自己随身带的箭，搭上弓，向那只骄傲的猴子射去。不知是那只猴子太灵活还是吴王的箭法不准，连射几箭都没有将它射中，猴子暂时避免了灾难。可是吴王还不甘心，一气之下命令随从们百箭齐射，试想那猴子还能免于灾难吗？可怜的猴子瞬间便葬

身于乱箭之下。吴王想借用这件事来警告他的朋友颜不疑，于是回过头对他说：‘这只猴子，依仗自己灵巧在我面前炫耀，这是对我的轻视，所以它该丧命。你可是我的朋友，你更要当心别在我的面前卖弄你的智慧和才华！’可见颜不疑虽是吴王的朋友，但伴君如伴虎，他的处境如同那只可怜的猴子。”

惠施听了庄子的故事后默默不语，因为他明白了自己虽然回到宋国后位尊为卿大夫，但处境也同猴子没多大区别，随时可能招来杀身之祸。可是惠施常年浮沉于官场，一心想在政治上有一番作为，他怎么能听得进去呢?

著书传道

孔子主张“述而不作”，而庄子却认为，天道与自然可以通过文学创作，尤其是寓言来传达。于是他在长期的讲学过程中，不断积累和创作。庄子曾说过，一个人应突破功名利禄的束缚，使自己的精神悠闲自在地畅游。在《逍遥游》中他便讲过这样的故事：

在遥远的北海里有一条鱼，它的名字叫作鲲。鲲的身体非常大，大概有几千里长。有时它又会变成鸟儿，名字叫作鹏，鹏的背就有几千里长！它振动大大的翅膀，努力向上飞起，那双巨大的翅膀似乎要遮住了天空

的云。这只鸟儿在海啸来的时候，就往南海飞，因为那里有座天然的大池，它可以在那儿休息。在很早以前，有一本专门记录稀奇古怪事物的书，叫作《齐谐》。书中写道：当大鹏向南面飞去的时候，它的翅膀就会将水花激起三千丈那么高！一对巨大的翅膀努力地拍打着，乘着剧烈的旋风轻松地飞上九万里的高空，它是乘着六月的大风飞去的。当大鹏起飞时，大地泛起了如野马群奔跑般的尘土，世界万物都被它起飞时的狂风吹得颤动。

庄子所描写的这个大鹏是自由的象征，就算是这么一个巨大的、力量无穷的大鹏，飞到天池都要借助大风的力量。同样的道理，世界上任何东西都是有所依靠的。比如河水不够深，船就浮不起来；没有风，风筝也不能飞上天空；没有空气，人类就没有办法存活。所以庄子的意思是，真正的自由就是不依靠外界的东西，做到顺其自然，忘记功名利禄，忘记捆绑住我们内心的东

西，那样才会获得真正的快乐。

在庄子这位大学者的《齐物论》中讲了这样一个故事：

从前，有个叫齿缺的人很小的时候贪玩，把嘴磕在了石头上，弄得门牙裂缺，在一排整齐的牙齿中间留下了明显的记号，所以，后来即便是当了许由的老师，还是被人们称作齿缺。那么，如此有学问的齿缺的老师又是谁呢？那人便是故事的另一主角王倪。

有一天，齿缺问王倪："世上万物有没有共同的标准呢？"王倪听见弟子如此问他，便立刻回答道："我怎么知道呢？"于是齿缺又问："那么，您没有见过的东西，您了解它吗？"王倪的回答还是："没见过我怎么会知道？"齿缺因此就推断说："那么万物就是不可知的了！"王倪说："你这样推导就太武断了。"齿缺很疑惑地看着师父，大大的眼睛饱含着疑问。于是王倪解释说，"如果人长期在潮湿的地方待着，就会患上腰痛或者变成半身不遂，但是，泥鳅一辈子都在淤泥里生活，它们却不会得人那样的病。如果人睡在高高的树上，就会惊慌失措，但是猴子们却不会。那么，泥鳅、

猴子和人类，到底谁的生活习惯才算是标准的呢？又比如人吃肉，鹿吃草，蜈蚣吃小蛇，猫头鹰吃老鼠，它们之中究竟谁才最懂得美味呢？同样，西施是人人称道的美人儿，可鱼儿见了她却吓得躲入水底，鸟儿见了她惊得飞向高空，鹿见到她却四散奔逃，那么到底是谁不懂得美呢？”说完王倪看看徒弟，齿缺明白地点点头。

这个寓言故事告诉我们，世界上的东西，都没有统一的生活习惯，就好比人和动物没有共同的饮食标准、没有共同的审美标准。那么万物间就不会有绝对、共同的标准，所以我们不能将自己的喜恶强加给别人。

有一天，庄子同蔺且及其他弟子在谈说学问。忽然，门外出现一个年过花甲的朝廷大臣，头发花白，身着气派的朝服，恭敬地站在门口，他是专程来向庄子请教养生之道的。

起初，庄子回绝他说：“我只是乡村农夫，哪里有什么养生的方法啊？”不过庄子打量他，心想：这位朝廷大臣年纪这么大了还虚心求教，真是难得。于是让弟子请他进来，对他说：“对于怎样养生，我来讲个例子吧比如牧羊人赶一群羊，只用鞭打后面的羊，前面的羊

也会前行。但是，如果是不懂规律之人，一会儿跑到前面，一会儿跑到后面，一会儿赶左边，一会儿赶右边，便会白费力气，羊群也不一定会管得好。”

庄子看了看大臣，感到他还是不大明白，于是又说：“我再举个例子吧。有一位善于杀牛的屠夫，他杀牛的技术太高超了，就像为牛解开身上的绳索一般，大家赞叹他的高超技艺，所以人人都称他为‘解牛的庖丁’。一天，庖丁被邀请到王宫去表演杀牛的技术。在他杀牛过程中，只听见咔嚓咔嚓几声，就像音乐一样有节奏感，仿佛在演绎《桑林》这样的舞，演奏《经首》这样的歌。文惠君看了十分高兴，连连称赞他：‘想不到宰牛还有如此的技艺。’庖丁把刀放下，

解释道：‘由于我掌握了牛的身体结构，所以我宰牛才会如此得心应手。在我年轻的时候，眼中看到的是整头牛，所以一刀一刀地杀牛，速度很慢。三年后，经验充足的我，对于牛的全身结构完全熟悉了，不再把牛看作一个整体，而是看作可以拆卸开来的东西。牛的骨头、筋络、皮肉之间都有空隙，我的刀在这些空隙之中穿过，所以刀几乎什么阻力都没有碰到。其他的屠夫都是用刀砍骨头或肉，技术好的一年换一把刀；技术不好的一个月就得换一把刀，因为他完全是在砍牛骨。而我的刀用了十几年，仍像刚磨出来的一样锋利。’文惠君听了，对他更是佩服，而且从中获得了‘养生’的道理。养生在于不以强力来同社会作斗争、抵抗，凡事顺应自然规律，找到关键所在，问题一定会迎刃而解。”

大臣听完，顿时觉得眼前开阔了许多，呼吸也顺畅了。他对庄子说：“先生，我明白了，就是要依外在规律办事，并且还要学会观察外在条件和形势。”庄子满意地点点头。

这便是著名的“庖丁解牛”的故事。

庄子还写过一个“螳臂当车”的寓言。

春秋末期，鲁国名士颜阖到卫国游历。卫灵公想要聘请他做孩子蒯的老师。蒯性情十分凶暴，动不动就要杀人。颜阖想：如果做了他的老师而放任他，将来必定乱邦害国；如果约束他，又必然会危及自己的生命，于是他去请教大夫蘧伯玉如何教导太子。蘧伯玉大夫就针对太子的行为，讲了一个螳螂的故事来劝导颜阖，这个故事是这样说的：

春秋时期，有一次齐庄公乘坐马车去打猎。行进中，齐庄公发现道路上有只小虫子向车轮扑来，只见它正气冲冲地舞动着两只前腿，好像在挥动着两把大刀，试图阻挡车轮前进。

齐庄公看见这么小的虫子竟敢与比它身子大好多倍的车轮搏斗，马上命令车夫把车停住，大声地问道：“这是只什么虫

子，有这么大的胆量？”

车夫回答说：“这是一只螳螂，这种小虫子只知道向前冲，不知道往后退。它根本不衡量自己到底有多大的力量。你看，车辆距离它很近了，马上就要被碾着了，可是它仍站立不动，不让车辆前进。它往往轻视对手，真是不自量力。”果真如此，马车过去后，可怜的螳螂被碾得粉身碎骨。

蘧伯玉接着说：“今天的你，自以为有很大的才能和力量去改变蒯的恶习，其结果也可能会和螳螂一样，不仅徒劳，而且危及性命。”

颜阖觉得很有道理，决定不去就职，并争取早日离

开卫国。后来蒯果然惹出事端，被人杀死。

后来，人们就用“螳臂当车”这个成语来形容用螳螂舞动镰刀似的双臂对抗车子的情形，比喻不自量力的人。

庄子在《人间世》里记载了这样一个故事。

春秋时代，越国有一位美女名叫西施，无论举手投足，还是音容笑貌，样样都惹人喜爱。西施略施淡妆，衣着朴素，走到哪里，都有很多人向她行“注目礼”，没有人不惊叹她的美貌。可是美丽的西施患有心口疼的毛病。

有一天，她的病又犯了，只见她手捂胸口，双眉皱起，流露出一种娇媚柔弱的女性美。当她从乡间走过的时候，乡里人无不睁大眼睛注视着，都觉得她的娇弱样子美极了。

与西施同一个村子

里有一个丑女子，无论她怎样打扮都没有一个人说她漂亮。她对此非常苦恼。这一天，她看到西施捂着胸口、皱着双眉的样子竟博得这么多人的青睐，因此回去以后，她也学着西施的样子，手捂胸口，紧皱眉头，在村里走来走去。哪知这丑女的矫揉造作使她的样子更难看了。结果，乡间的富人看见丑女的怪模样，马上把门紧紧关上；乡间的穷人看见丑女走过来，马上拉着妻子、带着孩子远远地躲开。人们见了这个怪模怪样模仿西施心口疼，在村里走来走去的丑女人，简直像见了瘟神一

般。

知道大家为什么会有这样的反应吗？这个丑女人只知道西施皱眉的样子很美，却不知道她为什么很美，而去简单模仿她的样子，结果反被人讥笑。

这就是“东施效颦”的故事。后来人们用“东施效颦”这个成语来比喻不了解人家真正的长处，而去生搬硬套，结果事与愿违。也泛指机械的模仿愚蠢可笑。

另外，庄子还有《德充符》《大宗师》《应帝王》等著作流传于世，多以奇幻瑰明的故事表达他的哲学思想。

鼓盆而歌

这天，天有些阴沉，乌云布满了天空。庄子的结发妻子不幸离世了。

出殡的那天，好朋友惠施来吊唁。还没到庄子的家，就远远地听见有人在唱歌。惠施心中很疑惑，怎么会有这么不懂礼貌的人啊？明知有人过世还唱歌作乐。

可一进庄子家门，惠施便大吃一惊：眼前的庄子没有跪着，而是十分随便地坐在地上，面前是妻子的棺材。他的前面放了一个瓦盆，此刻，他正一边敲击瓦盆一边唱歌呢。

惠施带着责备的口气对庄子说："陪你生活了一辈子，给你生儿育女，一生无微不至地关心你的人过世，你不哭就已经很过分了，还敲盆唱歌，实在是太不可理喻了！"

庄子回答说："我不是这样的人。我的妻子刚刚过世，我怎么会不伤心呢？我难过得几乎快晕过去。可是我仔细思考，生命的开头，所有的人不都是没有生命的吗？没有生命就不曾有外在的形体，没有形体自然就没有气息。那么我就感到很疑惑，生命究竟是怎么样形成的呢？我思考了很久，在高高的天空和苍茫的大地中间，有时会聚集一股气息，这气息逐渐变成了我们人的外在形体，然后这个外形又孕育出了属于它的生命，从而产生了人。

现在，虽然我的妻子生命走到了尽头，但我发现，这生老病死不就和春夏秋冬四季变化一样吗？她只是又循着这条路回去了，安静地寝卧于天地之间安安静静地睡着了。如果我现在在这里哭哭啼啼，一直为她的死而伤心，不是太不懂生命的真谛了吗？既然生命是可以轮回的，我又何必为她暂时的离去而伤心呢？”

这样一个简单的故事，把庄子对死的坦然和对生命的超脱都表现得淋漓尽致。

庄子叹骷髅

话说万年的庄子有一次有力楚国，路途中遇到一件奇异之事。当时战国末期，群雄连手争霸，人民疲于躲避战乱，民不聊生，饿殍遍野。遮天，庄子经过一棵枯藤缠绕的老树，他下了马，将马拴在这棵树下。忽然见到旁边的杂草丛中有一个骷髅但是他也不知是收到一种什么思想意识的支配，就随手拿起马鞭敲了敲它，顽皮地问道："先生你是病死的吗，还是因为战争而死？你是因为愧对父母或妻子而自杀的，还是因为贫苦而饿死的？还是因天命而自然死亡的？"庄子讲完后，就蹲下

身子，从地上捡起这个骷髅，放在头下枕着，呼呼大睡起来。

没想到，半夜之时骷髅竟然和庄子在梦中相遇了，他说：“先生，你刚才所问的问题，都是活着的人所关心的，死了之后便不考虑这样的问题了。对了，你有没有兴趣听听死后的乐趣呢？”庄子高兴地回答：“当然有啊，你快快讲吧。”于是骷髅道：“人从死的那刻起，上面，没有君主管着，下面，没有仆人服侍你，也不会为柴米油盐等琐碎的事情奔波了，轻松快乐地生活。这样的快乐是你们活着的人体会不到的。”庄子很怀疑他所说的，于是问他：“如果有一天，管死人的阎王爷使你复活，还给你原来的身体、家族、地位，你愿意吗？”骷髅皱皱眉头说：“我不愿意放弃现在的自由

和快乐而再次经历人世的辛苦、磨难。”

庄子从梦境中醒来，对自己与骷髅的这番对话记忆犹新，便仔细揣摩，悟出了人之生死的真谛。在庄子看来，活着不可能知道死后的事情，无论生存还是死亡，这都是自然不可改变的规律。我们要平静地接受它，真正活得自在、乐观。这也是庄子在他妻子死后放声高歌的原因。

超脱生死

庄子的妻子去世后不久，他的好友惠施也去世了。经历了妻子辞世时撕心裂肺的痛苦和与骷髅的梦中对话，现在的庄子完全能够平静地接受老友的过世。他想：宇宙是没有尽头的，而人的生命是有限的。一个人的生与死是顺应自然的，不应该惋惜，生命最终走向死亡，而死亡会化作重生。但是，我们在有限的、短暂的生命中要更加愉快、更加充实，这样生命才有意义。

妻子和惠施离开人世后，庄子在生活和精神上都成了孤独的一个人，成天在屋里待着，无所事事。有一

天，他面对着桌子上老友梓庆雕刻的那个飞龙像，就如同见到了与他志同道合的梓庆本人。他屏住呼吸仔细地观看那只飞龙，忽然之间，竟然觉得飞龙飞了起来，化作一股青烟，从窗户外飘走了。庄子慌慌张张地从椅子上站起来，追着出去，却只看见天空晴朗一片，什么也没有！

庄子心中像打鼓一样，久久不能平静，正想回屋，却看见一个陌生人身上穿着丧服走到他面前。那人问道：“您是庄子先生吧？梓庆先生已经在几天前辞世了，后天要举行葬礼，希望先生务必参加。”庄子连忙点着头答应下来。他送走来

客后，看着依然在桌子上的飞龙雕像，心想：梓庆的离开是迟早的事情，但他所雕刻的许许多多艺术品却将永远留在我的心中。

梓庆出殡那天，庄子在弟子蔺且的陪同下去他的家中吊丧。快到梓庆家时，忽然传来一片哭声，庄子说：“我觉得这哭声是装出来的，其实内心没有一点悲痛！不过是在大家面前演戏而已。”当他来到梓庆的家门口，唢呐声便立即演奏了起来。按当时的葬礼风俗，吊

丧者在进香礼之后，一定要放声大哭，同时灵位两侧的亲戚也要放声陪哭，而且要一直哭到周围的人去劝导吊丧者离开才能结束。此时的庄子已经年过七旬，随时都会逝世，成为别人吊丧哭泣的对象。即便是这样，他依然童心未泯地改变原来的风俗，在行完香礼放声大哭了三声之后就马上停住了，也不等周围的人来劝慰，就自作主张离开灵堂走到别的房间去了。大家看见庄子这样的行为，纷纷交头接耳，议论纷纷。于是有人前来质问庄子："梓庆是你的好朋友，你怎么能只哭三声啊？"庄子义正辞严地说："哭，本来就是表达悲伤、痛苦的一种方式，可现在人们却把它当作演戏一样，并非真的寄托哀思，假装非常痛苦的模样，这样又有什么意义呢？梓庆的死是顺应自然规律的，就好像在人世游览了一番后又回到故乡去了。这是生命的普遍规律，哪里用得着悲哀呢？"

通过这个故事，我们可以看出庄子把生老病死看成是生命的轮回，是循环往复的，他对生命有着澄澈、超脱的见解。

庄子逝世

年逾古稀的庄子接连目送妻子、好友离世，纵然超脱达观，亦不免有些失落惆怅。不久他便病得不能起身了。

起初，大家认为他是受了风寒，可是许多天过去了，他未见一点儿好转，病情反而一天比一天重了，平日最爱喝的茶，一滴也喝不下去。

一段时间后，他开始昏迷不醒了，任凭身边的弟子同他说什么、发出再大的响声，他都无法清醒过来。他的弟子们和儿子都十分着急，却又感到无能为力，只好

开始为他准备后事。

在准备的过程中，有几声特别响亮的声音终于把庄子吵醒了。他慢慢地爬到窗前，看外面发生了什么事，却看到木匠们在做棺材。

庄子正要召唤儿子时，弟子蔺且走了进来，看见庄子醒了，特别激动地说：“先生，您终于醒来了！您还不知道呢，自从您回来后就一直睡，不管怎样都叫不醒您，我们都很担心您的身体啊！”说着说着，豆大的眼泪顺着双频流了下来。

庄子还是稀里糊涂的，于是问蔺且：“院子里这样吵

吵闹闹的，是在做什么？”

蔺且见状连忙解释说：“师父，您这次病得不轻，我们担心您会突然离开，所以私下商量着为您准备后事呢！”

庄子听到后，立即被弟子的真心感动了，同时又严肃地说：“我死后不要棺材，不举行葬礼，你们将我抬到山上荒无人烟的地方，随便扔在哪儿就行了。”

蔺且一听着急了：“那怎么行！我们虽然不富裕，可我们不至于穷到这个地步吧？就是欠债我们也要为您举办一个隆重的葬礼啊！”

此时，蔺且的头脑中浮现出先生当年收留他的情景，并且这么多年以来，先生总是无微不至关怀着自己，两人早已情同父子了。可是庄子听到这番真诚的话，却平静地说：“蔺且，你这样想就错了，你不是我的好弟子吗，居然不能完全理解我的心思。我不是为了节省，而是要与大自然真正地融合。融入到大自然中去，大自然必定会给我最好的葬具，难道还需要你们操心吗？”

听到先生的话，蔺且的心里难受极了，情不自禁地

流着眼泪说道："先生，如果将您扔在荒山之上，我害怕那些飞禽走兽将您的肉体破坏了啊！"

庄子微微一笑说："你怎么像个孩子似的天真啊！将我扔在山上，你怕飞禽走兽会吃我的肉，但是却没有想到，即使将我埋在地底下，蚂蚁同样也会钻下来吃我的肉啊？你的做法不过就是将我的肉从飞禽走兽嘴里夺过来又送给蚂

蚁而已啊！”蔺且顿时觉得无话可说了。

第二天早晨天还没亮，庄子就摸索着起了床，穿好衣服，轻手轻脚地走出了屋子，他生怕惊动了儿子和弟子，同时也为了避免那不必要的葬礼，更是为了践行自己顺应自然天道的理念。他就这样不辞而别地离开了。

他去了哪里呢？大概就像老子那样化作了一缕风，随处飘荡着，永远没有停歇吧！所以直到现在都没有人知道他究竟死于何时何地，他的死成了一个难解之谜了。